30 Janvier 86.

V

MOBILIER

MODERNE ET ANCIEN

PROVENANT

DE L'HOTEL DE M. ***

JANVIER ET FÉVRIER 1886

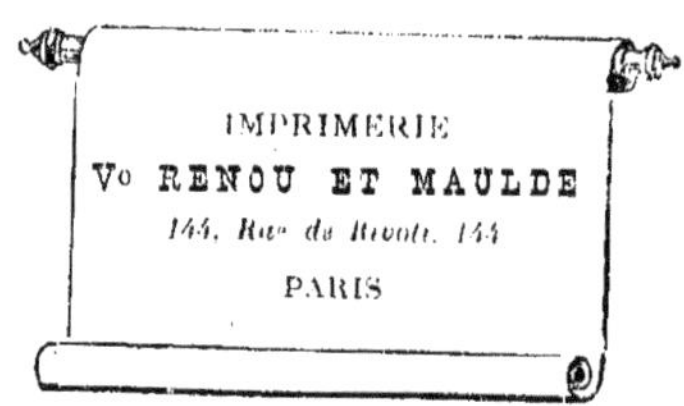
IMPRIMERIE
Vᵉ RENOU ET MAULDE
144, Rue de Rivoli, 144
PARIS

CATALOGUE

D'UN

IMPORTANT MOBILIER

MODERNE ET ANCIEN

Mobiliers de Salons, de Chambres à coucher
de Salles à manger, de Bibliothèque, de Bureau, etc., etc.
Belle Literie. — Objets de Ménage

TENTURES D'AMEUBLEMENT

Tapisseries, Marbres, Bronzes

PORCELAINES ET OBJETS DE VITRINE

REMARQUABLE LUSTRE EN BRONZE, A 40 LUMIÈRES

DE CHEZ BARBEDIENNE

Ayant figuré à l'Exposition de 1878

TABLEAUX ANCIENS ET MODERNES

Pastels, Livres, Objets divers

Lion monumental en bronze, par Vidal

DONT LA VENTE AURA LIEU

HOTEL DROUOT, SALLES N°s 7 ET 9

Les Samedi 30 Janvier, Lundi 1er, Mardi 2 et Mercredi 3 Février 1886

A DEUX HEURES

Me Jules PLAÇAIS	M. E. GANDOUIN
COMMISSre-PRISEUR	EXPERT
rue Hippolyte-Lebas, 5	rue Le Peletier, 42

CHEZ LESQUELS SE TROUVE LE CATALOGUE

EXPOSITION PUBLIQUE

Le Vendredi 29 Janvier 1886, de 2 heures à 5 heures 1/2.

N. B. — S'il y a lieu la Vente sera continuée les jours suivants, au rez-de-chaussée de l'Hôtel, Salle n° 11.

PARIS — 1886

CONDITIONS DE LA VENTE

Elle sera faite au comptant.

Les Acquéreurs paieront CINQ POUR CENT en sus du prix d'adjudication.

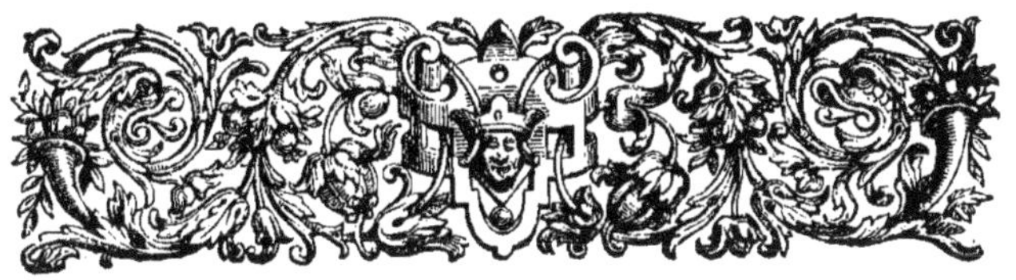

DÉSIGNATION

OBJETS D'ART

1 — Paire de grandes Potiches en porcelaine du Japon, décor polychrome, rehaussé d'or; montées en bronze ciselé et doré, avec bouquet, formant candélabre à neuf lumières.

2 — Grande Potiche en porcelaine du Japon, avec monture en bronze doré.

3 — Vase en ancienne porcelaine de Chine couverte de céladon, avec dessins gravés; très belle qualité, monture en bronze ciselé et doré de style Louis XV.

4 — Pendule et Candélabre en porcelaine pâte tendre, décorée de pastorales d'après Boucher ; monture en bronze ciselé et doré de style Louis XVI ; et deux Candélabres à cinq lumières, même style.

5 — Paire de grandes Aiguières en cuivre repoussé et doré, style Renaissance.

6 — **Saxe**. Petit Vase orné de fleurs en relief.

7 — **Chine**. Grande Coupe avec monture en bronze ciselé et doré, style Louis XVI.

8 — **Chine**. Grande Bonbonnière.

9 — **Saxe**. Deux très jolies Potiches décorées en polychrome à ornements et fleurs en relief; monture en bronze doré, style Louis XV.

10 — **Japon**. Potiche ornée de fleurs en relief, décorée en relief; monture en bronze doré, style Louis XV.

11 — **Saxe**. Deux Statuettes.

11 *bis* — **Saxe**. Boîte à jeux.

12 — **Saint-Amand**. Pâte tendre ; très belle Jardinière décorée de sujets de genre, fond bleu de roi ; très belle qualité.

13 — **Saxe**. Deux Potiches à couvercles, décor polychrome.

14 — **Saxe**. Deux Groupes d'enfants.

15 — **Chine**. Potiche en bronze doré.

16 — **Paris**. Statuette en biscuit.

17 — **Chine**. Petit Vase céladon craquelé.

18 — **Chine**. Croix en bois de fer.

MARBRES

19 — Apollon, buste plus grand que nature.

20 — Diane, buste plus grand que nature.

21 — Portrait d'homme, buste grandeur nature.

22 — Autre Portrait d'homme, buste grandeur nature.

TERRE CUITE

23 — Égyptienne.

STUC

24 — Deux Statuettes : une Femme tenant un amphore. — Une Femme tenant des fleurs.

BRONZES D'ART ET D'AMEUBLEMENT

25 — **Vidal.** Lion grandeur nature.

Ce remarquable bronze, qui a figuré à l'Exposition de 1878, est une œuvre colossalle, pesant plus de 2,100 kilog.

26 — **Vidal.** Grand Lustre, bronze ciselé doré, orné de cristaux taillés (40 lumières), provenant de la maison Barbedienne.

27 — **Carrier-Belleuse.** Statuette en bronze : Liseuse.

28 — **Carrier-Belleuse.** Garniture de cheminée : Pendule et deux Coupes, provenant de la maison Barbedienne.

La Pendule est surmontée d'un buste d'enfant d'après Bosio.

29 — **Carrier-Belleuse.** Autre Garniture de cheminée : Pendule et deux Candélabres, provenant de la maison Barbedienne.

30 — **Carrier-Belleuse.** Petite Pendule, bronze doré et ciselé, style Louis XV.

31 — Une paire de petites Coupes en bronze (Barbedienne).

32 — **Carrier-Belleuse.** Grande Coupe en bronze (Barbedienne) avec socle en marbre.

33 — **Carrier-Belleuse.** Autre Coupe en bronze (Barbedienne) à sujets en relief rehaussés d'or.

34 — **Carrier-Belleuse.** Autre Coupe, plus grande que la précédente, décorée de même.

35 — Quatre Cendriers en bronze (Barbedienne).

36 — **Carrier-Belleuse.** Quatre grands Lampadaires en bronze, style néo-grec.

37 — **Carrier-Belleuse.** Deux Appliques porte-lampe en bronze, style néo-grec.

38 — **Carrier-Belleuse.** Deux Appliques porte-lampe en bronze nickelé, même style.

39 — **Carrier-Belleuse.** Deux très grandes Jardinières en cuivre repoussé, style Louis XIII.

40 — **Carrier-Belleuse.** Autre Jardinière ovale, même style.

TABLEAUX

41 — **Arbeit.** Paysage, effet du matin.

42 — **Arbeit.** Pendant du précédent.

43 — **Arbeit.** Vue prise en Alsace.

44 — **Arbeit.** Paysage, panneau décoratif.

45 — **Arbeit.** Pendant du précédent.

46 — **Benner.** Vue du Vésuve.

47 — **Benner.** La jeune Guitariste.

48 — **Benner.** Vue prise à Capri.

49 — **Benner.** Paysage.

50 — **Bibiéna.**, Monuments en ruine (mort de Pyrame et Thisbé), panneau décoratif.

51 — **Bibiéna.** Monuments en ruine avec paysage, grand panneau décoratif.

52 — **Bibiéna.** Monuments en ruine, pendant du précédent.

53 — **Clésinger.** Taureau romain dans une forêt.

54 — **Auguste Constantin.** Fruits, Melon et Oranges.

55 — **Claude le Lorrain** (Attribué à). Paysage soleil couchant, cadre en bois sculpté.

56 — **Decamps** (Genre de). Le Derviche.

57-58 — **Detaille.** Chasseur d'Afrique. — Dragon. — Deux Fac-simile.

59 — **Louis David.** Serment du Jeu-de-Paume, gravure en manière noire par Jazet.

60 — **Fragonard** (Genre de). Amours combattant pour un cœur, cadre en bois sculpté.

61 — **Français.** Paysage. Effet de soleil couchant.

62 — **Français.** Paysage. Dessin au fusain.

63 — **Gros-Claude.** Jeune Fille pleurant son oiseau mort. Pastel.

64 — **Gros-Claude.** Jeune Femme. Paysage.

65 — **Gros-Claude.** Jeune Fille. Pastel.

66 — **G. H.** Moine distribuant des aumônes.

67 — **Inconnu.** Vue de Rouen.

68 — **Inconnu.** Paysage.

69 — **Inconnu.** Marine.

70 — **Inconnu.** Chien sous bois quêtant.

71 — **Inconnu.** Cerf sous bois.

72 — **Inconnu.** Bords de la Meuse.

73 — **Inconnu.** Bords de la Méditerranée.

74 — **Maas** (Nicolas). Portrait de femme.

75 — **Noël** (Jules). Marché en Normandie.

76 — **Pabst.** Alsacienne plaçant une cocarde tricolore à sa fillette.

77 — **Téniers** (David). Paysage orné de figures.

78 — **École italienne.** Paysages. Quatre Panneaux décoratifs.

79 — **École italienne.** Couronnement de la Vierge.

80 — **École italienne.** Rébecca et Éliézer à la fontaine.

81 — **École italienne.** Loth fuyant Sodome.

82 — **Inconnu.** Deux Photographies peintes, la Cavalerie française.

83 — Sous ce numéro, environ vingt Gravures et Photographies encadrées.

TAPISSERIES ANCIENNES

85 — Grande Tapisserie représentant un Port de mer; composition d'après G. B. Leprince (Manufacture d'Aubusson).

86 — Portière, même sujet, même composition.

87 — Deux autres Portières.

88 — Deux Sièges, deux Dossiers et quatre Manchettes, en tapisserie au point, époque Louis XIV, Dossiers à sujet de personnages, Sièges à bouquet de fleurs.

89 — Mobilier en bois d'érable :

Très grande et très belle Armoire à glace, à trois compartiments.

Très grande et très belle Armoire à trois portes et à coulisses.

Armoire à glace.

Lit pour deux personnes.

Table à volets.

Table-Guéridon de milieu.

Table de nuit.

Toilette-Commode.

Trois Chaises cannées.

Deux Tabourets.

90 — Chambre à coucher en acajou :

Armoire à glace.

Lit.

Grand Lit-Jumeau.

Deux Tables de nuit à volets.

Deux Toilettes-Commode.

Chiffonnier.

Trois Chaises percées.

Porte-Serviettes.

Deux Bidets.

91 — Mobilier de Bureau en palissandre sculpté :

Bureau à écrire.

Vitrine surmontée d'une étagère.

Deux Meubles ornés d'une glace.

Chaise longue recouverte en étoffe Isabelle.

Deux petites Chaises recouvertes de même.

Deux grands Fauteuils recouverts en soie jaune et noire.

Grande Chaise recouverte de même.

Petite Chaise recouverte de même.

Quatre Chaises volantes, sculptées.

Deux Fauteuils capitonnés, recouverts en soie jaune et noire.

Une petite Table, style Henri II, tapisserie.

92 — Mobilier de Salon :

Deux très belles Gaînes, style Louis XIV.

Grand Canapé en bois sculpté et doré, style Louis XV, recouvert en soie noire, brodé, oiseaux et fleurs, style Japonais.

Deux Fauteuils, recouverts de même.

Deux Chaises, recouvertes de même.

Chaise, dite fumeuse, recouverte de même.

Dix Coussins, recouverts de même.

Pouf, recouvert de même.

MEUBLES DIVERS

93 — Quatre grands Fauteuils, époque Louis XIV, en bois sculpté et doré, recouverts en tapisserie de soie au point, à sujet de personnages sur les dossiers et fleurs sur les sièges.

94 — Chaise en bois sculpté, même style, recouverte en tapisserie du XVIe siècle.

95 — Deux Chaises en bois sculpté, doré et peint, étoffe brodée.

96 — Très bel Écran en bois sculpté et doré, style Louis XIV, avec feuilles en tapisserie de soie au point, représentant Anchise et sa famille fuyant Troie.

97 — Très belle Armoire époque Louis XIV, très bien sculptée, les portes richement ornées d'arabesques et de figures en cariatides.

98 — Petite Vitrine en bois sculpté et doré, travail italien du XVIIe siècle.

MEUBLES DIVERS

Paravent, à quatre feuilles, en bois sculpté, doré.

Paravent, monture en bois sculpté et doré, à feuilles de glaces biseautées.

Console en chêne sculpté, à dessus de marbre rouge.

Petite Table de nuit ronde sur pied, garnie en drap soutaché.

Deux Escabeaux en bois sculpté, style Renaissance.

Grand Tabouret-Pouf, carré, monture en bois doré.

Petite Chaise basse, dorée, soie noire, brochée de couleurs.

Meuble-Chiffonnier en bois d'érable.

Écran en bois d'érable, garni de reps bleu.

Autre Écran en bois doré, style Louis XIV, garni de tapisserie au point.

Autre Écran en bois d'érable, garni en soie.

Autre Écran en bois sculpté noir, garni de tapisserie au point,

Autre Écran en chêne sculpté, garni de damas vert.

Bureau plat en chêne sculpté, garni de drap rouge.

Table à thé, à pieds tors.

Table de nuit, style Louis XIV, en bois d'érable.

Petite Table en palissandre à volets.

Volets de Commode en bois d'érable.

Autre Table à volets, même bois.

Coffre à bois en chêne sculpté, recouvert en tapisserie ancienne.

Deux Meubles à étagère, en chêne sculpté.

Petite Table à ouvrage, en marqueterie de cuivre et d'écaille, style de Boule.

Armoire en bois peint.

Paravent à quatre feuilles, monture en bois sculpté et doré, garni de soie verte,

Autre Paravent de quatre feuilles, monture analogue, garni rouge.

Deux Tables à dessus de marbre en bois d'érable.

Buffet en noyer sculpté.

Six Chaises en bois sculpté noirci, recouvertes en reps bleu.

Deux Tabourets de pied, recouverts de même.

Chaise d'encoignure, recouverte de même.

Six très belles Chaises de salle à manger en noyer sculpté, style Renaissance avec ornements en bronze, recouvertes en drap.

Petite Table à volets en noyer.

Bureau de dame surmonté de vitrine, noyer sculpté, style Louis XVI.

Coffre recouvert de velours noir et d'une bande de tapisserie.

Deux Fauteuils recouverts en reps bleu.

Chaise longue recouverte en reps bleu.

Fauteuil en bois d'érable.

Bureau en bois rose, orné de bronzes ciselés et dorés, surmonté d'une étagère ornée de glaces.

Petite Table en noyer.

Deux Fauteuils en bois sculpté et doré.

Écran en bois sculpté bois et or.

Deux Consoles en chêne.

Fauteuil en bois noir (ébène).

Autre Fauteuil en chêne, recouvert en tapisserie d'Aubusson.

Fauteuil pouf, recouvert en moquette.

Très jolie Chaise fumeuse, recouverte en tapisserie.

Chaise de piano.

Deux Escabeaux, recouverts en cuir rouge.

Deux autres Escabeaux en érable et reps bleu.

Autre Escabeau en palissandre, recouvert de brocatelle.

Autre Escabeau en chêne, recouvert en tapisserie.

Chaise en bois noir et tapisserie.

Chaise dite chauffeuse en chêne, garnie de même.

Deux Canapés en noyer, style Louis XVI, recouverts de velours frappé.

Canapé d'encoignure, style Louis XV, bois sculpté, bois blanc et doré, recouvert en étoffe de Perse.

Deux Coffres en chêne et drap, brodés de fleurs.

Canapé en damas de Chine.

Table octogone.

Six Chaises en merisier, cannées.

Deux Canapés en bois de noyer, style Louis XVI, recouverts en reps.

Six Fauteuils, recouverts en moquette.

Table carrée en noyer.

Bureau en noyer, surmonté d'une vitrine à deux portes.

Chiffonnier en bois de noyer.

Écran en bois de noyer.

Table en chêne, recouverte en velours rouge.

Toilette-Commode en noyer.

Autre Toilette-Commode en acajou.

Table de nuit à volet, en acajou.

Autre Table de nuit avec marbre blanc.

Très grande et très belle Jardinière en bois sculpté et doré, ornée de plaques en faïence.

Literie.

Batterie de cuisine.

Verrerie.

Porcelaine, divers services.

Environ 500 volumes, ouvrages divers.

Vitraux pour fenêtres.

Portes en verre et en étoffe.

Meubles de cuisine.

Objets divers.

MOBILIER MODERNE

Grand Piano à queue, en palissandre, signé Érard.

Deux Fauteuils, recouverts en étoffe bleue.

Jardinière en marqueterie de bois rose, ornée de bronzes.

Bureau en marqueterie de bois rose, tiroirs ornés de bronzes et caisse dorée, style Louis XVI.

Petite Table en bois de rose, forme octogone, ornée de bronzes dorés et ciselés.

Autre petite Table à ouvrage en marqueterie de couleur, ornée de bronzes dorés.

Console en bois sculpté et doré, avec dessus de marbre (formant jardinière, style Louis XV).

Table carrée, sculptée et dorée, même style (Table de jeu).

Table en bois sculpté et doré, même style.

Six Chaises cannées d'antichambre en chêne sculpté.

Quatre Tabourets poufs recouverts en moquette, monture chêne sculpté.

Deux petits Psychés de toilette en bois noir.

Grand Fauteuil en vieux chêne sculpté, recouvert en moquette.

Deux Tabourets recouverts en moquette.

Table-Bureau en chêne sculpté.

Porte-Parapluies en bois de noyer.

Environ quarante Tentures, comprenant : Rideaux de fenêtres, de lits, Portières, etc., etc.

Quantité de Coupes diverses étoffes.

Galeries de fenêtres diverses, sculptées et dorées.

Vve Renou et Maulde, imprimeurs de la Cie des Commissaires-Priseurs, rue de Rivoli, 144. 300—64779

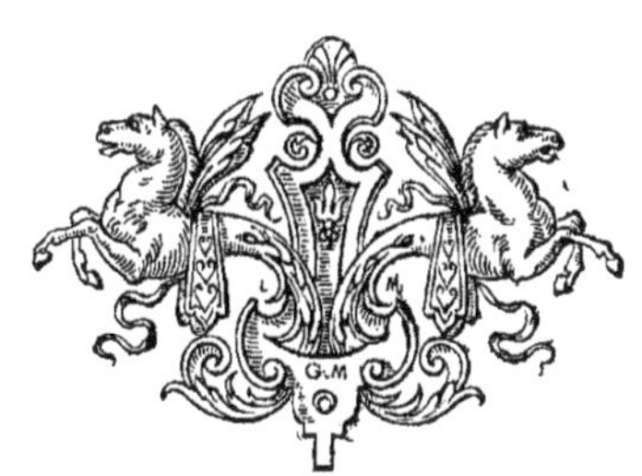

www.ingramcontent.com/pod-product-compliance
Ingram Content Group UK Ltd.
Pitfield, Milton Keynes, MK11 3LW, UK
UKHW020524180726
13839UKWH00005B/2290